Chica

Célestine dans la neige

HACHETTE

Ohé, Célestine ! Je vais sur la colline
faire un bonhomme de neige !

– Attends-moi, Hubert, je vais avec toi.

Si nous le mettions sur la luge
ce bonhomme ?

– Ainsi, nous pourrions le promener !

Un vieux chapeau

et une carotte pour le nez...

– Et du charbon pour les yeux.

Qu'il est beau !
– Allons le présenter à tous nos amis...

Attention, Hubert,
la luge glisse trop vite !
– Elle m'entraîne, je ne peux pas la retenir...

Mais... que se passe-t-il ?

– Attention, Tante Adèle !

Au secours ! Arrêtez-le !

– Il va de plus en plus vite...

Ma luge !

– Mon panier !

– Ma tante !

Hé ! Mon vélo !

Au voleur !

Monsieur le facteur, retenez-le !
– C'est mon panier !

Je vais charger ce bois
avant qu'il n'y ait trop de neige.
– Boum !

Qu'est-ce que c'est que ce br...
– PLOTCH !

Qu'y a-t-il ?

Qu'est-ce que c'est ?

Qui m'a sauté dessus ?

Mais il court tout seul,
le bonhomme de neige !
– Il revient vers nous...

Au secours !

– Il nous poursuit...

Ah ! Je glisse...

– Je tombe ! Il va nous rattraper !

– Mais ce sont les jambes de...

Voyez qui est sous le bonhomme de neige...
– C'est moi, Séraphin...
– Quelle peur nous avons eue !

Célestine et moi, nous voulions
vous montrer notre bonhomme...
– Eh bien, moi, je l'ai vu de tout près !

Imprimé en France par Pollina, 85400 Luçon - N° 4250
Dépôt légal n° 4372 - Avril 1982
22.34.1162.02
ISBN 2.01.006359.7
Loi N° 49-956 du 16 juillet 1949
sur les publications destinées à la jeunesse - dépôt 4.82

22.1162.1
82.4